INTI ILLIMANI HISTÓRICO

Vivir En Libertad

MASTERMINDS

inti-illimani
HISTÓRICO
Horacio Salinas
Fernando Julio
Danilo Donoso
José Seves
Horacio Durán
Jorge Ball
Camilo Salinas

INTI ILLIMANI
Histórico

Vivir En Libertad

MASTERMINDS

1. Auflage 2013
Ein Band der Reihe „Masterminds“
incl. Audio-CDs VLDCD 2013A & VLDCD 2013B
Verlegt vom Heupferd Musik Verlag
in Koperation mit Zweitausendeins
www.zweitausendeins.de
Herausgegeben von Christian Winkelmann

„Vive La Difference“ ist ein Label der Heupferd Musik Verlag GmbH
www.heupferd-musik.de
Cover, Textsatz & Layout: Y & M
Manufactured in Germany
ISBN 978-3-923445-73-8

DER INHALT

Einführung
INTI ILLIMANI – DIE SONNE DES ILLIMANI
Seite 5

DIE WERKE

Vivir En Libertad Vol. 1
ESENCIAL
Seite 12

Vivir En Libertad Vol. 2
ANTOLOGIA
Seite 14

IN MEMORIAM VICTOR JARA
Seite 16

DIE LIEDTEXTE
Seite 18

MOMENTAUFNAHMEN
Seite 31

WIE MONATE ZU JAHREN WURDEN
Zweimal Exil in Deutschland
Von Rainer Schobeß
Seite 39

DISKOGRAPHIE
Seite 47

WEBTIPPS
Seite 47

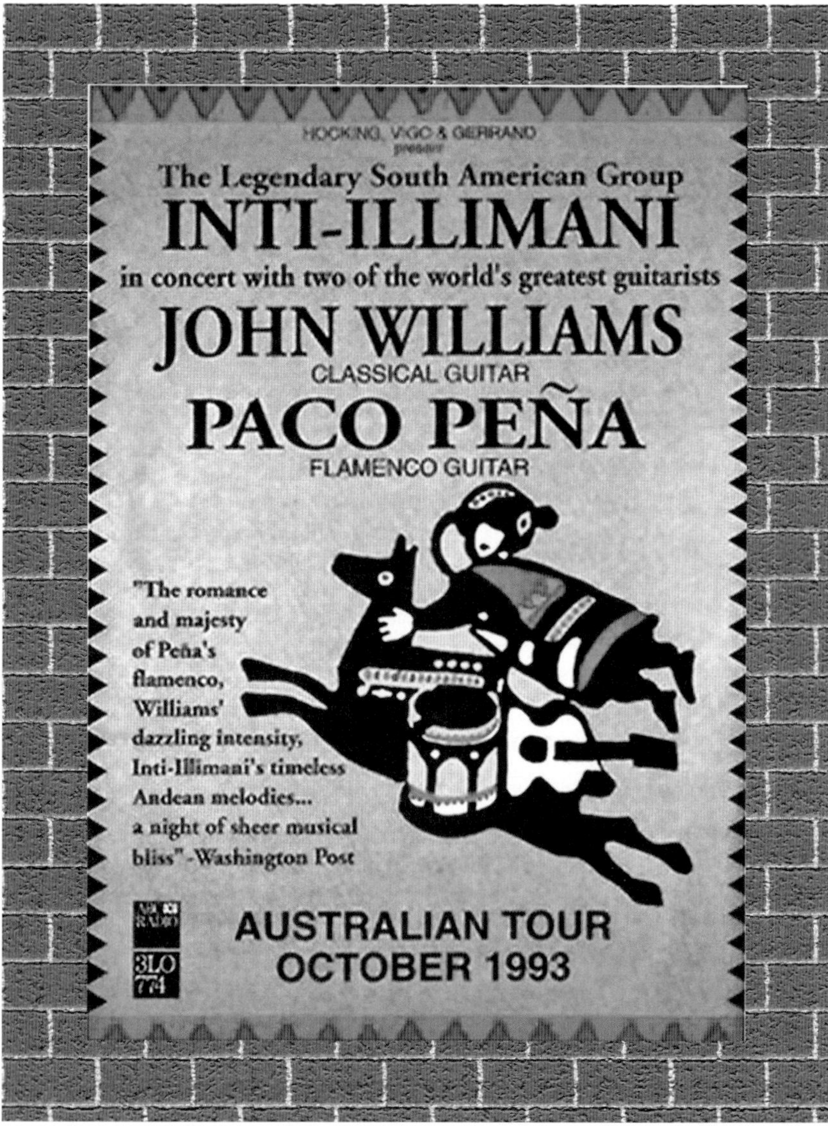

HOCKING, VIGO & GERRAND
present
The Legendary South American Group
INTI-ILLIMANI
in concert with two of the world's greatest guitarists
JOHN WILLIAMS
CLASSICAL GUITAR
PACO PEÑA
FLAMENCO GUITAR
"The romance and majesty of Peña's flamenco, Williams' dazzling intensity, Inti-Illimani's timeless Andean melodies... a night of sheer musical bliss" -Washington Post
AUSTRALIAN TOUR
OCTOBER 1993
3LO 774

INTI ILLIMANI – DIE SONNE DES ILLIMANI

Als im Mai 1967 Studenten an der Universität von Santiago de Chile beschlossen, eine Band ins Leben zu rufen und ihr Projekt „Inti Illimani" aus der Taufe hoben, konnten sie kaum ahnen, welche weitreichenden Auswirkungen diese Initiative einmal zeitigen sollte. Für ihr persönliches Leben, für die kulturelle Entwicklung ihres Heimatlandes, die Musik Lateinamerikas und nicht zuletzt für die alternative (Folk-) Musikszene im fernen Europa und darüber hinaus. Der rebellische Zeitgeist hatte damals auch die studentische Jugend Chiles erfasst. Politische Themen waren auf die Tagesordnung gekommen, soziale Verhältnisse rückten in den Focus des Interesses, Autoritäten wurden hinterfragt, kulturelle Wurzeln und Identitäten in den Blick genommen, Musikschaffen und politisches Engagement miteinander verknüpft. Protest lag in der Luft. Gegen Ungerechtigkeit, Unterdrückung und Ausbeutung, gegen Krieg und Gewalt, gegen den Krieg in Vietnam. Forderungen wurden artikuliert. Nach einem Recht auf Leben in Frieden, nach Selbstbestimmung, Freiheit und einer demokratischen Gesellschaft mit menschenwürdigen Lebensbedingungen, Chancengleichheit, Bildung und kultureller Teilhabe für alle Menschen. Viele wollten die Welt verändern. Die Dinge gerieten in Bewegung, da war kein Halten mehr.

Wenige Monate nach Gründung von Inti Illimani gesellte sich noch ein blutjunger Bursche namens Horacio Salinas hinzu, der im Alter von gerade einmal 17 Jahren bereits über profunde Kenntnisse und praktische Erfahrungen im Musikmetier verfügte und rasch zum musikalischen Leiter des Ensembles avancierte. Er und seine Mitstreiter begannen, die traditionelle Musik Lateinamerikas zu erkunden, sich mit den Überlieferungen indigener Kulturen ebenso wie mit der zeitgenössischen Musik aus allen Teilen der Welt sowie der klassischen Musik auseinander zu setzen und sich dem politischen Lied und dem Protestsong zuzuwenden. Zuvor schon hatten sich Künstler wie die Sängerin Violeta Parra und deren Kinder Isabel und Angel mit der Entwicklung einer neuen, spezifisch lateinamerikanischen Form des politisch ambitionierten Liedes einen Namen gemacht, der Nueva Canción, welche auf Einflüssen spanischer und kubanischer Musiktraditionen, den Traditionen der Andinen Musik, der chilenischen Cueca und der Música Negra basiert. Violeta Parras Arbeit in diesem Zusammenhang begann in den 1950er Jahren mit einer systematischen Erforschung der Volksmusik des ländlichen Chile. Ab 1965 betrieben Isabel und Angel Para in Santiago den Club „La Peña de los

Parras", der zur Heimstatt der Nueva Canción Bewegung wurde. Im Umfeld der Parras, des Sängers und Liedermachers Victor Jara oder des Schriftstellers Pablo Neruda war ein Netzwerk kritischer Künstler entstanden, das der Nueva Canción in Chile zu einer ersten Blüte verhalf und auf ganz Lateinamerika ausstrahlte. Vor diesem Hintergrund entwickelten sich Inti Illimani sehr bald schon zu führenden Interpreten des Genres. Ihr Augenmerk galt vor allem der Harmonie musikalischer Elemente mit inhaltlichen Aussagen, der Entwicklung einer wirkungsvollen, eigenständigen Ästhetik, einer kunstvollen Verschmelzung von Poesie und Musik, filigraner Virtuosität mit pointierten Botschaften. So lag es auf der Hand, dass die Musiker von Inti Illimani zusammen mit anderen Protagonisten des neuen Chilenischen Liedes ihre künstlerische Arbeit auch in den Dienst der wachsenden Demokratiebewegung ihres Landes stellten und sich auf ihre Weise für einen politischen Wandel einsetzten.

Inti Illimani 1968

Die geradezu euphorische Aufbruchsstimmung in weiten Teilen der chilenischen Gesellschaft fand ein jähes Ende, als am 11. September 1973 die chilenische

Armee unter General Pinochet mit Rückendeckung der damaligen US-Administration unter Richard Nixon gewaltsam die gewählte Regierung des Präsidenten Salvador Allende stürzte und eine brutale Militärdiktatur errichtete. Zahllose Menschen wurden interniert, getötet oder ausser Landes getrieben, viele verschwanden spurlos, der Furor der Soldateska überstieg jedwede Vorstellungskraft. Unvergessen die Bilder der im Nationalstadion von Santiago de Chile gefangenen Menschenmengen, die um die Welt gingen und in dessen Katakomben sich barbarische Szenen abspielten. Desgleichen im Estadio Chile, nicht weit entfernt. Es trägt heute den Namen des Volkssängers Victor Jara, der damals an eben jenem Ort festgesetzt, schwer misshandelt und schliesslich ermordet worden war. Ein aus Furcht vor Künstlern seines Schlages erwachsener Hass der Putschisten und ihrer Schergen erzeugte Angst und Schrecken. Diesen blutigen Terror hat das Land bis heute nicht wirklich verarbeiten können.

Inti Illimani hielten sich zu diesem Zeitpunkt im Rahmen einer Europa-Tournee in Italien auf. Mit dem Militärputsch änderte sich alles, eine Rückkehr in die Heimat war praktisch unmöglich. Die offizielle Einreise wurde ihnen von den chilenischen Behörden verweigert und eine illegale Rückreise in ein Leben im Untergrund erschien aussichtslos. So mussten sie sich von einem Tag auf den anderen auf ein neue Existenz im Exil einrichten. Weit weg von Familie und Freunden, in einem neuen kulturellen Umfeld, in einer fremden Umgebung mit einer anderen Sprache und ohne die geringste Vorstellung wie das alles wohl weiter gehen und wie lange dieser Zustand wohl dauern würde. Ein Schicksal, dass sie mit zig tausenden Landsleuten teilten, die sich in alle Welt verstreut urplötzlich im Zwangsexil wiederfanden.

Trotz der traumatischen Umstände, trotz aller Unsicherheiten, psychischen Belastungen und der vielen praktischen Probleme, die mit der faktischen Ausbürgerung verbunden waren, gelang es den Musikern gleichwohl relativ schnell, sich in der neuen Situation zurecht zurecht zu finden und in ihrem iatlienischen Exil einigermassen Fuß zu fassen. Und entgegen aller Widrigkeiten sogar ihr Ensemble beisammen zu halten und die gemeinsame musikalische Arbeit fortzusetzen. Eine starke Woge der Solidarität mit den chilenischen Exilanten half dabei ebenso, wie ihre internationale Reputation und beste persönliche Verbindungen mit dem Musikleben im Umfeld des Exils. Glück im Unglück war sicherlich auch, dass es sie ins Mutterland der Gesangskunst verschlagen hatte, mit einer Kultur, in der von je her eine gute Stimme etwas zählt. Den Ausschlag aber gab letztlich ihre besondere musikalische Produktivität in jenen schweren Zeiten, einige ihrer stärksten Werke und besten Alben enstanden im italienischen Exil. Die Komposition „El Mercado

Testaccio" von Horacio Salinas zum Beispiel, eine Reverenz an ihr Gastland Italien, geriet zu einem „heimlichen Hit" des Inti Illimani Repertoires und ist mittlerweile neben dem Titel „Alturas" nicht nur in Italien ein Klassiker geworden. Sogar in den italienischen Pop-Charts tauchten Stücke von Inti Illimani auf, einer der raren Fälle, in dem explizit nicht-kommerzieller Musik auch ein – wenn auch bescheidener – wirtschaftlicher Erfolg beschieden war. Nicht zu vergessen die weltweiten Aufführungen einiger Werke durch namhafte Sinfonieorchester, durch die Kompositionen vornehmlich aus der Feder von Horacio Salinas in der sog. E-Musik reüssierten. Und dann gab es da noch zahlreiche kreative Allianzen mit Grössen der Weltmusik, die Furore machten und bis heute eine Schlüsselrolle für die künstlerische Entwicklung der Musiker von Inti Illimani spielen.

Inti Illimani in Florenz 1975

Zum Beispiel die Kooperation mit dem neapolitanischen Komponisten Roberto de Simone oder gemeinsame Projekte mit Stars wie dem britischen Musiker und Produzenten Peter Gabriel, dem Gitarristen John Williams oder dem Flamencovirtuosen Paco Peña, alles interkulturelle Begegnungen von großer Tragweite und universellem Charakter, die ihre Wirkungen nicht verfehlten. Im globalen Musikgeschehen ebenso wie in den chilenischen Exilgemeinden, in denen die musikalische Arbeit von Inti Illimani zur Förderung von Solidarität und Identität beitrug.

Aber auch in Chile selbst, wo während der Pinochet-Diktatur Platten und Kassetten des Ensembles kursierten, die mit der Kraft der Musik eine demokratische Subversion beflügelten und der staatlichen Zensur immer wieder ein Schnippchen schlugen. Konzerte an der argentinisch-chilenischen Grenze, die nach dem Ende der argentinischen Diktatur möglich geworden waren, taten ein Übriges.

Als sich dann endlich auch in Chile der Wind gedreht hatte, die Herrschaft der Militärs am Ende war und Inti Illimani nach 16 Jahren des Zwangsexils in ihr Heimatland zurückkehren konnten, glichen Ankunft und Fahrt vom Flughafen in

Heimkehr 18. September 1988

die Hauptstadt einem regelrechten Triumphzug mit jubelnden Menschen am Wegesrand und herzlichen Begrüssungsovationen von allen Seiten. Die Heimkehr der Exilanten galt als starkes Symbol für den Wandel. Ein Albtraum ging zuende. Manche blieben in den Exilländern, einige der dort geborenen und herangewachsenen

Kinder vor allem empfanden die Heimat ihrer Eltern als fremdes Land, in dem sich „Exile Natives“ nicht wirklich heimisch fühlen konnten. Andere hatten ob ihrer kulturellen Bindungen weniger Probleme. In der chilenischen Gesellschaft waren in den langen Jahren der Diktatur tiefe Gräben aufgerissen worden, die sich nicht so einfach zuschütten ließen, darunter manche von unüberbrückbarer Natur. Wunden sind geblieben, die auch von der Zeit kaum geheilt werden können, wenn sie ohne Aufklärung verstreicht und Verantwortliche und ihre Helfershelfer nicht zur Rechenschaft gezogen werden.

Auch für die Musiker von Inti Illimani bedeutete die Rückkehr eine neuerliche Zäsur. Wieder ein neuer Lebensabschnitt, wenn auch unter glücklicheren Umständen. Wieder alles umkrempeln, wieder neues Verorten, wieder eine neue Orientierung, was auch Weltbürgern, zu denen sie mittlerweile geworden waren, nicht eben leicht von der Hand geht. Die von den Machthabern brachial implementierte neo-liberale Wirtschafts- und Gesellschaftsordnung hatte, den Prinzipien eines strikt ökonomischem Darwinismus folgend, die Kluft zwischen den sozialen Schichten der Bevölkerung drastisch vertieft und den Zusammenhalt der Menschen nachhaltig unterminiert. Und wie alle Diktaturen hinterließ auch die chilenische Junta ein kulturell weitgehend verödetes Land. Es brauchte viel Zeit und Geduld, jede Menge Engagement und Fantasie, bis der Kreativität endlich wieder ein fruchtbarer Boden bereitet war und alles Aufblühen konnte, was verschüttet darnieder gelegen hatte. Überlebenden, Rückkehrern und Nachgeborenen ist das erstaunlich gut gelungen, mittlerweile existiert in Chile wieder eine äusserst vitale Kulturszene, die einen internationalen Vergleich nicht zu scheuen braucht und weltweit gut vernetzt ist. Trotz der prekären Lebensverhältnisse großer Teile der Bevölkerung. Das gilt auch und besonders in musikalischer Hinsicht, die Tristesse hat sich im Lauf der Jahre in ein buntes Blütenmeer verwandelt, vielfältiger und breiter gewachsen, als je zuvor. Woran auch die Rückkehrer aus dem Exil wie die Musiker von Inti Illimani einen gehörigen Anteil haben.

Die Alt-Vorderen des Ensembles konzentrierten sich gegen Ende der 1990er Jahre zunehmend auf eigene Musikprojekte und verließen nach und nach die Band. Ihr musikalischer Leiter Horacio Salinas arbeitete an Soloproduktionen, komponierte Filmmusiken und übernahm Dozenturen, zum Beispiel am Berklee College of Music in den USA. Ebenso sein Freund und Kollege José Seves, der 1999 mit Alben wie „Hata, Cantos De Aldea“ oder „Canto Remolino“ und Projekten mit dem neapolitanischen Musiker Daniele Sepe Erfolge verbuchen konnte. Nicht zu vergessen der Charango Virtuose Horacio Durán. Auch er ein Inti Illimani Urgestein und einer der Weltbesten seines Fachs. Im Jahre 2004 entwickelten sie gemeinsam ein neues Band-Konzept, dem sie den Namen „Inti Illimani Histórico" gaben. Zur Umsetzung ihrer musikalischen Vorstellungen holten sie einige der besten Musiker Lateinamerikas an ihre Seite. So den Flötisten Jorge Ball, der bereits in den 1980ern und 1990ern bei Inti Illimani mitgewirkt hatte und zu den Gründern des berühmten Orquestra Sinfónica Simón Bolívar aus Venezuela gehört. Oder Horacio Salinas Sohn Camilo Salinas, 1976 in Rom geboren und mittlerweile ein arrivierter Pianist und Akkordeonist mit reichhaltigen Erfahrungen als musikalischer Grenzgänger zwischen Pop, Jazz und Folk. Ausserdem den Kontrabassisten Fernando Julio und den Percussionisten Danilo Donoso, beide Ausnahmetalente der jungen Musikeravantgarde Chiles. Diese sorgfältig austarierte Balance zwischen den Generationen bildete eine tragfähige personelle Grundlage für den den künftigen Kurs des Ensembles.

Den kennzeichnet eine kreative Öffnung der über mehrere Dekaden verarbeiteten kulturellen Prägungen für frische Impulse und Ideen und der Erprobung neuer Wege einer an weltweiten Klanggeschehen orientierten lateinamerikanischen Musik auf höchstem handwerklichen Niveau. Auch im Hinblick auf inhaltliche Bezüge und Positionierungen der Lyrik und ihrer Botschaften. Denn viele Kernthemen der künstlerischen Arbeit, die sich seit den Anfangsjahren wie der sprichwörtliche rote Faden durch die Inti Illimani Geschichte zieht, stehen nach wie vor auf der globalen Agenda. Das Streben nach einem Leben in Freiheit und Frieden, die Ächtung von Krieg und Gewalt, die Verwirklichung fundamentaler Menschenrechte und auskömmlicher Existenzbedingungen für jeden Einzelnen, ungeachtet seiner Herkunft, seiner Hautfarbe und seines Geschlechts, die Verteidigung der Künste gegen Übergriffe durch Obrigkeiten jedweder Art, alle diese Anliegen haben nichts von ihrer Aktualität verloren. Ihre Verwirklichung ist im Gegenteil dringlicher denn je. Und zwar weltweit. So gesehen sind aufmerksame Wahrnehmung von Lebenswirklichkeiten und ihre kritische Reflektion in Kunst und Kultur, sind also gesellschaftliches Engagement und Musik dicht miteinander verwoben, bilden Tradition und Moderne, respektvoller Umgang mit Überlieferung und zeitgenössisches Schaffen eine Einheit. Nach wie vor gilt es, die Welt zu verändern und das Leben zum Besseren zu wenden. Mit der Macht der Musik und ganz im Sinne der Pioniere der Nueva Canción.

Der Herausgeber

DIE WERKE

Vivir En Libertad Vol. 1
ESENCIAL
Aufgenommen im Studiosaal des Radios der Universität Chile in Santiago de Chile.
Musikalische Leitung: Horacio Salinas.
Tonmeister und Mastering: Gonzalo González.
Tonassistent: Vicente Sanfuentes.

ARROZ CON COCOLÓN
Musik & Text: Juan Criado.
Horacio Salinas (Gitarre, Gesang), José Seves (Gitarre, Gesang), Horacio Durán (Cencerro, Gesang), Fernando Julio (Kontrabass, Gesang), Jorge Ball (Rayador, Gesang), Camilo Salinas (Piano, Gesang), Danilo Donoso (Cajón, Gesang).
Spieldauer 4:25

DANZA VERDE
Musik: Horacio Salinas;
Text: Patricio Manns.
Horacio Salinas (Gitarre, Gesang), José Seves (Gitarre, Gesang), Horacio Durán (Charango, Gesang), Fernando Julio (Kontrabass, Gesang), Jorge Ball (Quena, Gesang), Camilo Salinas (Akkordeon, Gesang), Danilo Donoso (Percussion, Gesang).
Spieldauer 3:09

DANZA MEDITERRÁNEA
Musik: Horacio Salinas.
Horacio Salinas (Gitarre), José Seves (Tiple), Horacio Durán (Charango), Fernando Julio (Kontrabass), Jorge Ball (Pazuñas, Querflöte), Camilo Salinas (Akkordeon), Danilo Donoso (Percussion).
Spieldauer 5:04

EL LAZO
Musik & Text: Victor Jara.
Horacio Salinas (Gitarre, Gesang), José Seves (Gitarre, Gesang), Horacio Durán (Tiple, Gesang), Fernando Julio (Kontrabass, Gesang), Jorge Ball (Quena, Gesang), Camilo Salinas (Harmonium, Gesang), Danilo Donoso (Percussion, Gesang).
Spieldauer 5:13

(Siehe auch Seite 16/17).

MONTILLA
Musik & Text: trad./venezolanisch, Bearbeitung Horacio Salinas.
Horacio Salinas (Gitarre, Gesang), José Seves (Gesang), Horacio Durán (Charango, Gesang), Fernando Julio (Kontrabass, Gesang), Jorge Ball (Cuatro, Gesang), Camilo Salinas (Piano, Gesang), Danilo Donoso (Percussion, Gesang).
Spieldauer 4:42

LLANTO DE LUNA
Musik & Text: Julio Guitérrez.
Horacio Salinas (Gitarre), José Seves (Gitarre, Gesang), Horacio Durán (Maracas), Fernando Julio (Kontrabass), Camilo Salinas (Akkordeon), Danilo Donoso (Bongo).
Spieldauer 3:43

TACACOMA
Musik: trad./bolivianisch, Bearbeitung Horacio Salinas.
Horacio Salinas (Gitarre), José Seves (Quena), Horacio Durán (Charango), Fernando Julio (Kontrabass), Jorge Ball (Querflöte), Camilo Salinas (Akkordeon), Danilo Donoso (Percussion).
Spieldauer 4:42

TAN SOLO AMANDO EL HOMBRE CAMINA
Musik: Horacio Salinas;
Text:: Patricio Manns.
Horacio Salinas (Gitarre, Gesang), José Seves (Tiple), Fernando Julio (Kontrabass), Camilo Salinas (Harmonium), Danilo Donoso (Percussion).
Spieldauer 3:23

CORCORA CON TUCÁN
Musik: Jorge Ball.
Horacio Salinas (Gitarre), José Seves (Tiple), Horacio Durán (Charango), Fernando Julio (Kontrabass), Jorge Ball (Cuatro), Camilo Salinas (Piano), Danilo Donoso (Maracas).
Spieldauer 4:54

CANTANTES INVISIBLES
Musik & Text: José Seves
Horacio Salinas (Tiple, Gesang), José Seves (Gitarre, Gesang), Horacio Durán (Claves, Gesang), Fernando Julio (Kontrabass), Jorge Ball (Rayador), Camilo Salinas (Harmonium, Gesang), Danilo Donoso (Bongo, Gesang), Parquimetro (Posaune, Gesang), Camilo Salinas (Akkordeon, Gesang).
Spieldauer 4:27

CANZONE DEL PESCATORE
Musik & Text: Roberto de Simone
Horacio Salinas (Gitarre), José Seves (Gesang, Quena), Horacio Durán (Charango), Fernando Julio (Kontrabass), Jorge Ball (Querflöte), Camilo Salinas (Akkordeon), Danilo Donoso (Percussion).
Spieldauer 4:11

DOÑA FLOR
Musik: Horacio Salinas
Horacio Salinas (Gitarre), José Seves (Percussion), Horacio Durán (Cuatro), Fernando Julio (Kontrabass), Jorge Ball (Rayador), Camilo Salinas (Akkordeon), Danilo Donoso (Percussion), Héctor „Parqui" Briceño (Posaune).
Spieldauer 4:21

Vivir En Libertad Vol. 2
ANTOLOGIA

Aufgenommen im Estadio Victor Jara in Santiago de Chile.
Produziert von Alfredo Troncoso.
Musikalische Leitung: Horacio Salinas.
Tonmeister: Fernando Julio. Tonassistent: Vicente Sanfuentes.
Mastering: Eduardo Vergara.

EL MERCADO TESTACIO
Musik: Horacio Salinas.
Horacio Salinas (Gitarre), José Seves (Gitarre), Horacio Durán (Charango), Fernando Julio (Kontrabass), Jorge Ball (Querflöte), Camilo Salinas (Akkordeon), Danilo Donoso (Percussion).
Sieldauer 4:11

CÁNDIDOS
Musik: José Seves;
Text: E. Llona.
Horacio Salinas (Gitarre, Gesang), José Seves (Cajón, Gesang), Horacio Durán (Cencerro, Gesang), Fernando Julio (Kontrabass, Gesang), Jorge Ball (Querflöte, Gesang), Camilo Salinas (Akkordeon, Gesang), Danilo Donoso (Schlagzeug, Gesang).
Spieldauer 4:29

UN SON PARA PORTINARI
Musik: Horacio Salinas;
Text: Nicolas Gillén.
Horacio Salinas (Gitarre, Gesang), José Seves (Gitarre, Gesang), Horacio Durán (Cencerro, Gesang), Fernando Julio (Kontrabass, Gesang), Jorge Ball (Querflöte, Gesang), Camilo Salinas (Akkordeon, Gesang), Danilo Donoso (Schlagzeug, Gesang).
Spieldauer 3:15

TATA SAN JUAN
Musik: trad., arr. Horacio Salinas.
Horacio Salinas (Gitarre), José Seves (Sicus), Horacio Durán (Charango), Fernando Julio (Kontrabass), Jorge Ball (Sicus), Camilo Salinas (Gesang), Danilo Donoso (Schlagzeug).
Spieldauer 4:29

TINKU
Musik: trad./ bolivianisch, Bearbeitung Horacio Salinas.
Horacio Salinas (Charango, Gesang), José Seves (Gitarre, Quena, Gesang), Horacio Durán (Marcas, Gesang), Fernando Julio (Kontrabass, Gesang), Jorge Ball (Quena, Gesang), Camilo Salinas (Akkordeon, Gesang), Danilo Donoso (Percussion, Gesang).
Spieldauer 3:38

CANTO DE LAS ESTRELLAS
Musik: José Seves;
Text: Moisés Chaparro.
Horacio Salinas (Gitarre), José Seves (Gitarre, Gesang), Horacio Durán (Charango), Fernando Julio (Kontrabass), Camilo Salinas (Keyboards), Danilo Donoso (Schlagzeug).
Spieldauer 5:27

MEDIANOCHE
Musik: Horacio Salinas;
Text: Patricio Manns.
Horacio Salinas (Gitarre), José Seves (Gesang), Horachio Durán (Maracas), Fernando Julio (Kontrabass), Jorge Ball (Querflöte), Camilo Salinas (Piano), Danilo Donoso (Tumbadoras).
Spieldauer 4:06

SAMBA LANDÓ
Musik: Horacio Salinas, José Seves;
Text: Patricio Manns, José Seves.
Horacio Salinas (Gitarre), José Seves (Gitarre, Gesang), Jorge Ball (Gesang), Fernando Julio (Kontrabass), Camilo Salinas (Piano), Danilo Donoso (Percussion).
Spieldauer: 4:55

LA FIESTA ERES TÚ
Musik: Horacio Salinas;
Text: Patricio Manns.
Horacio Salinas (Gitarre, Gesang),
José Seves (Cuatro, Gesang),
Horacio Durán (Maracas, Gesang),
Fernando Julio (Kontrabass, Gesang),
Jorge Ball (Guiro, Gesang),
Camilo Salinas (Akkordeon, Gesang),
Danilo Donoso (Percussion, Gesang).
Spieldauer: 4:39

MULATA
Musik: Horacio Salinas;
Text: Nicolas Guillen.
Horacio Salinas (Gitarre, Gesang),
José Seves (Cencerro, Gesang),
Horacio Durán (Maracas, Gesang),
Fernando Julio (Kontrabass, Gesang),
Jorge Ball (Querflöte, Gesang),
Camilo Salinas (Piano, Gesang),
Danilo Donoso (Percussion, Gesang).
Spieldauer: 5:54

EL PUEBLO UNIDO
Text & Musik: Sergio Ortega.
Horacio Salinas (Gitarre, Gesang),
José Seves (Gitarre, Gesang),
Horacio Durán (Charango, Gesang),
Fernando Julio (Kontrabass, Gesang),
Jorge Ball (Gesang), Camilo Salinas
(Piano, Gesang), Danilo Donoso
(Schlagzeug, Gesang).
Spieldauer 3:44

In Memoriam

VICTOR JARA

*** 28. September 1938**
† 14. September 1973

„Was im Stadion geschah, habe ich damals erst nach und nach erfahren. Ich weiß, dass von Beginn an, als alle Studenten und Dozenten der Technischen Universität mit den Händen hinter dem Kopf auf dem Boden liegen mußten, Victor als besonders verhasste Person angesehen und besonders brutal behandelt wurde. Ich weiß, dass er sich sehr mutig verhalten hat. Ich weiß, dass er seinen Mitgefangenen im Stadion Zuversicht gab. Ich weiß, dass er dort gesungen hat. Ich weiß, dass sie ihm die Handknochen gebrochen haben. Und ich weiß, dass er dort von den Schergen nach zwei Tagen Haft ermordet worden ist. Ich weiß auch, dass Victor in diesen Tagen im Stadion ein Lied komponiert hat, das später herausgeschmuggelt und von den Mitgefangenen gesungen wurde."

Joan Jara.

DIE LIEDTEXTE

ARROZ CON COCOLÓN

Arroz con cocolón / Con su bitute, ollita no más (2 X) / Ollita no más / Con su bitute, ollita no más. (2 X)
Buenos dias doña Francisca / Sirvame algo de almorzar (2 X) / Yo vengo de la limpiada / Me voy pa' Lunaguana. (2 X)
Me voy a ver a mi samba / Me lo ha dicho don José (2 X) / Que esa consita buena / No se debe perder. (2 X)
Arroz con cocolón / Con su bitut, ollita no más (2 X) / Ollita no más / Con su bitute, ollita no más. (2 X)
Buen adiós donña Francisca / Ya me voy a retirar (2 X) / Cuando me vea de ganchete / Ya verá usted ya verá. (2 X)
Cuando me vea del brazo / Del negrito Nicolás (2 X) / Se va llevar su cañazo / Ya verá usted ya verá. (2 X)
Arroz con cocolón / Con su bitut, ollita no más (2 X) / Ollita no más / Con su bitute, ollita no más. (2 X)

Reis mit Kruste

Reis mit Kruste, / Mit seinem Essen, nur ein kleiner Topf (2 X) / Nur ein kleiner Topf / Mit seinem Essen, nur ein kleiner Topf.
Guten Morgen, Frau Francisca / Geb en Sie mir was zu Mittag (2 X) / Ich komm' gerade aus La Limpiada / Ich geh' nach Lunaguana. (2 X)
Ich werde meine Zamba sehen / Das sagte mir Don José / Solch ein schönes Ding / lässt man nicht verloren gehen.
Reis mit Kruste / Mit seinem Essen, nur ein kleiner Topf (2 X) / Nur ein kleiner Topf / Mit seinem Essen, nur ein kleiner Topf.
Auf Wiedersehen, Dona Francisca / Jetzt ich gehe wieder weg / Wenn Sie mich sehen werden, Arm in Arm / Mit dem kleinen Schwarzen Nicolás / Da werden Sie staunen / Sie werden sehen, werden sehen.
Reis mit Kruste / Mit seinem Essen, nur ein kleiner Topf (2 X) / Nur ein kleiner Topf / Mit seinem Essen, nur ein kleiner Topf.

DANZA VERDE

Verde pincel / Pintó la luna / Y la volcó sobre una / lienza de luz / Verde como el / Sol de América.
Verde brocal / Hizo del agua / Una verde concha / De donde vino / Siempre desnuda / La verde Venus nuestra.
Verde más verde soy / Mientras me danzo en paz / Cubre el verde / La tierra en agraz / Agraz.
América es verde / Verde Americano / Y esa luz me sale de las manos / Que

son tus manos / Y reúnen / Esta vastedad salvaje / De este continente / Que Amo / Que Amo.

Grüner Tanz

Ein grüner Pinsel / Malte den Mond / Und setzte ihn auf eine Leinwand aus Licht / Grün wie die Sonne Amerikas.
Einen grünen Brunnenrand / Ließ das Wasser / Zu einer grünen Muschel werden / Aus der stets nackt / Unsere grüne Venus empor stieg.
Grün und grüner bin ich / Während ich in Frieden tanze / Grünes bedeck die Erde / Die Erde in bitterem Grün / Bitteres Grün.
Amerika ist grün / Amerikanisches Grün / Und dieses Licht steigt aus meinen Händen / Die auch deine Hände sind / Und vereinen / Diese wilden Weiten / Dieses Kontinents / Den ich liebe / Den ich liebe.

EL LAZO

Cuando el sol se inclinaba lo encontré / En un rancho sombrío de Lonquén / Es un rancho pobre lo encontré / Cuando el sol se inclinaba en Lonquén.
Sus manos siendo tan viejas / Eran fuertes para trenzar / Eran rudas y eran tiernas / Con el cuero del anmimal.
El lazo como serpiente / Se enroscaba en el nogal / Y en cada lazo la huella / De su vida y du sù pan.
Cuanto tiempo hay en sus manos / Y en su apagado mirar / Y nadie ha dicho: está bueno! / Ya no debes trabajar.
Las sombras vienen laceando / La última luz del día / El Viejo trenza unos versos / pa' maniatar la alegría.
Sus lazos han recorrido / Sur y norte, cerro y mar / Pero el viejo la distancia / nunca la supo explicar.
Su vida deja en los lazos / Aferrados al nogal / Después llegará la muerte / Y también lo laceará.
Que importa si el lazo es firme / Y dura la eteridad / Laceando por algún campo / Del viejo descansará.
Cuando el sol se inclinaba lo encontré / En un rancho sombrío de Lonquén / Es un rancho pobre lo encontré / Cuando el sol se inclinaba en Lonquén.

Das Lasso

Als die Sonne sich gerade senkte in Lonquen, fand ich ihn / In einer düsteren Hütte in Lonquén / In einer armen Hütte fand ich ihn / Als die Sonne sich gerade senkte in Lonquen.
Seine Hände, obgleich alt /Waren stark beim Flechten / Waren hart und waren zart / Mit der Tierhaut.
Das Lasso, wie eine Schlange / Schlang sich um den Nussbaum / Und in jeder Faser auch die Spuren / Seines Lebens, seines Brotes.
Wie lang die Zeit in seinen Händen! / Und in seinem erloschenen Blick! / Niemand sagte "Nun ist's gut"! / Du sollst

nicht mehr arbeiten.
Schatten kommen nun und flechten / Das allerletzte Tageslicht / Der Alte bindet ein paar Verse / Um die Freude zu fesseln.
Seine Lassos sind viel herumgekommen / Von Süden nach Norden, vom Berg bis zum Meer / Was Entfernung wirklich ist / Konnte der Alte niemals erklären.
Sein Leben lässt er in den Lassos / Gebunden an einen Nussbaum / Dann wird schon der Tod ihn holen / Und ihn anseilen.
Wen kümmert es, ob die Schlinge fest ist / Und eine Ewigkeit hält / Auf irgendeinem Feld / Wird auch das Lasso Ruhe finden.
Als die Sonne sich gerade senkte in Lonquen fand ich ihn / In einer dunklen Hütte in Lonquén / In einer armen Hütte fand ich ihn / Als die Sonne sich gerade senkte in Lonquen.

MONTILLA

Vengo a trovar este golpe / Que un amigo me mandó / Pa'que mañana o pasao / Hagan lo mismo con yo. (2 X)
Estribillo:
Ahi viene Montilla a dar la palea / Y viene diciendo morena cabala chirrea / El armó su gente con la artilleria / Y prendió los fuegos morena del Ave Maria / Al estado en que llegó Montilla / Al estado en que ha llegao / Al estado en que llegó Montilla / Al estado en que ha llegao (2 X) / Un hombre tan valeroso / Y a Montilla lo han matao. (2 X)
Dicen que Montilla viene / Dicen que Montilla va / Yo digo que eso es mentira / Porque yo vengo de allá. (2 X)
(Estribillo)
El que me dijera negro / Yo no me enojo por eso / Porque negro tengo el cuero / Pero blanco tengo el hueso. (2 X)
(Estribillo)
Vengo a trovar este golpe / Que un amigo me mandó / Pa'que mañana o pasao / Hagan lo mismo con yo. (2 X)
(Estribillo)

Montilla

Nun komme ich her, um dieses Stück zu singen / Wie ich es von einem Freund erfuhr / Auf dass man morgen oder übermorgen / Das Gleiche für mich tut. (2 X)
Refrain:
Da kommt schon der Montilla her, um zu streiten / Und sagt dabei, oh Mädchen, so heißt es, so munkelt man es / Er hätte seine Leute bewaffnet / Und hätte Feuer gelegt, oh du heilige Jungfrau Maria!
In diesem Zustand kam Montilla an / In diesem Zustand kam er an / In diesem Zustand kam Montilla an / In diesem Zustand kam er an. (2 X)
Ein so mutiger Mann! / Und man hat Montilla umgebracht. (2 X)
Man sagt, da kommt schon Montilla /

Man sagt, Montilla geht schon / Ich sag', das ist doch gelogen / Denn ich komme grad von dort. (2 X)
(Refrain)
Sagte man "Negro" zu mir / Da werde ich nicht gleich böse drum / Denn meine Haut ist schwarz / Mein Kern ist aber weiss. (2 X)
(Refrain)
Nun komme ich her, um dieses Stück zu singen / Wie ich es von einem Freund erfuhr / Auf dass man morgen oder übermorgen / Das Gleiche für mich tut. (2 X)
(Refrain)

LLANO DE LUNA

Llanto De Luna / En la noche sin besos / De mi decepción.
Sombra de pena / Silencio de olvido / Que tiene mi hoy.
Llaga de amor / Que no puede sanar / Si me faltas tú: / Ebria canción de amargura / Que Murmura el mar.
Cómo borrar / Esta larga tristeza / Que deja to adiós: / Cómo poeder / Olvidarte / Si dentro, / Muy dentro / Estas Tú.
Cómo vivir asi / En esta soledad / Tan llena de ansiedad / De tí.

Ein weinender Mond

Ein weinender Mond / In der Nacht ohne Küsse / In meiner Desillusion.
Ein Schatten meines Schmerzes / die Stille des Vergessens: / Das bin ich heute.
Eine Wunde der Liebe / Die nicht heilen kann / Wenn du mir fehlst.
Trunkenes, bitteres Lied / Gesungen vom Meer / Wie soll sie erlöschen / Diese lange Trauer / Die mir dein Abschied beschert.
Wie soll ich dich / Vergessen / Wenn du im Inneren / Im Innersten bist.
Wie soll ich so leben / In dieser Einsamkeit / So voller Sehnsucht / Nach Dir.

TAN SOLO AMANDO EL HOMBRE CAMINA

Un hombre nace blanco de piel / Y su pelo es de oro y miel / Otro nace con rostro oscuro / Y su pelo es rizado y duro.
Aquel r'e con cara de cobre / Y enciende su voz salobre / Y hubo tam-bién morenos grandes / Bajo la altura de Los Andes.
En el mileno de la aurora / La ene-mistad tuvo su hora / En las centurias torturadas / Se combatió con mano airada.
Un hombre muerde la sal y el pan / Y ese alimento lo hará total / Pero con su andar gregario / El hombre se hará solidario.
Y para que el futuro se abra / Es solidaria la palabra / Y para que el futuro crezca / Es necesario que florezca.
Un hombre nace blanco de piel / Y su pelo es de oro y miel / Otro nace con

rostro oscuro / Y su pelo es rizado y duro.
Pero con su andar gregario / el hombre se hará solidario / y solo amando el hombre alcanza / la plenitud de su labranza.

Nur durch das Lieben lernt der Mensch das Gehen

Ein Mensch wird mit weißer Haut geboren / Sein Haar ist aus Gold und Honig / Ein anderer wird mit dunklem Gesicht geboren / Sein Haar ist gekräuselt und hart.
Jener lacht mit kupfernem Gesicht / Und entzündet seine salzige Stimme / Und es gab auch schon große Dunkle / Unterhalb der Gipfel der Anden.
In der Morgenröte des Mileniums / Hatte die Feindschaft ihre Stunde / In den Jahrhunderten der Folter / Wurde mit leichter Hand gekämpft.
Ein Mensch beißt in das Salz und in das Brot / Und diese Nahrung wird ihn zum Ganzen führen / Doch mit gemeinsamen Schritt / Wird er Solidarität lernen.
Um die Zukunft zu eröffnen / ist das Wort solidarisch / Um die Zukunft wachsen zu lassen / muss sie auch noch erblühen.
Ein Mensch wird mit weißer Haut geboren / Sein Haar ist aus Gold und Honig / Ein anderer wird mit dunklem Gesicht geboren / Sein Haar ist gekräuselt und hart.
Doch mit gemeinsamen Schritt / Wird er Solidarität lernen / Und nur durch die Liebe wird der Mensch / Den Gipfel seines Werks erreichen.

CANTANTES INVISIBLES

Inútil es prohibir / O quedarse indiferente / Porque los cantos de la gente / Siembre andarán por ahi / Nacen en la intimidad / Van levantando su trino / En todo hogar hacen nido / Y ahuyentan la soledad.
Entonan los pensamientos / Y los deseos profundos / Cruza lugares del mundo / Aunque cante en cautiverio / Y saben ser oración / De los amores peridos / Y acompañar en al camino / Que lleva a un tiempo mejor.
Y la ciudad se corona de cantantes invisibles / Que con el verso se miden pues su canto reflexiona / Saben cantar de memoria del amor y sus verdales / Y cantar carnavales bajo el haz de las estrellas / Señalando la belleza de las proezas terrenales / (Señalando la más bella de las proezas terrenales).
Con ese don natural / Y la virtud más genuina / Sabencantarle a la vida.
Con toda la libertad / Pueden sembrar la amistad / Multiplicar la semilla / Pueden también ser esgrima / Con su ironía y verdad.
El canto tiene poder / Tiene la fe que alucina / La voluntad colectiva / Pudede ser ola en el mar / Y en ese viento marino / Puede cambiarse la historia / Para

nombrar en la gloria / Al pan: pan, y als vino: vino.

Unsichtbare Sänger

Es ist sinnlos, zu verbieten / Oder gleichgültig zu bleiben / Denn die Gesänge der Völker / Werden immer dasein.
Sie werden im Verborgenen geboren / Erheben ihre Stimme / Nisten sich in jedem Haus ein / Und vertreiben die Einsamkeit.
Sie geben den Gedanken einen Ton / Und auch den tiefsten Wünschen / Durchkreuzen alle Orte der Welt / Selbst in Gefangenschaft.
Und sie können Gebet sein / Für verlorene Liebe / Und begleiten auf dem Weg / Der zu einer besseren Zeit führt.
Und die Stadt bekränzt sich mit unsichtbaren Sängern / Die sich mit ihren Versen messen und / Dem nachdenklichen Gesang / Sie singen aus der Erinnerung an die Liebe und deren grünen Wiesen.
Und sie singen auch zu Karneval, im Sternenlicht / Und sie zeigen auf die Schönheit der weltlichen Heldentaten / Und sie zeigen auf die wunderbarste aller weltlichen Heldentatentaten.
Mit dieser natürlichen Gabe / Und der wahren Tugend / Besingen sie das Leben / Mit aller Freiheit.
Sie können Freundschaft sähen / Das Saatgut vermehren / Können auch Schwert sein / Mit Ironie und Wahrheit.
Der Gesang besitzt Macht / Und den Glauben, der begeistert / Der Wille der Allgemeinheit / Kann wie eine Welle sein im Meer.
Und in diesem Meereswind / Kann die Geschichte verändert werden / Um im Himmelreich es klarzustellen: / Brot ist Brot und Wein ist Wein.

CANZONE DEL PESCATORE

Vurria ddeventare pesce d'oro / Dinta lu mare me jesse 'a menare.
Venesse' o piscatore me pescasse / Dinta na chianelluccia me mettesse.
Venesse nenna mia e me comprasse / Dint' a na tielluccia me friesse.
Me voglio fa na cassa 'mmiezz'o mare / Fravecata de penne de pavone / Ohi de pavone.

Lied des Fischers

Ich würde mich gern in einen goldenen Fisch verwandeln / Ins Meer würde ich mich stürzen.
Käme ein Fischer und würde mich herausfischen / Und in eine kleine Pantoffel stecken.
Käme ein Mädchen und würde mich kaufen / Und in einer Pfanne braten.
Ich würde gern mein Haus auf hoher See bauen / Ich würde es mit Putenfedern tun / Putenfedern.

CÁNDIDOS

Rompió el ávido su cántaro / Ya no hay médico en lo póstumo / Impondrán, célebres los cándidos, / Su vorágine más poética / Su vorágine.
Vive esta plebe autóctona / como un desolado páramo / viéndose tan mísera y decrépita / sin un santo fiel en la cúspide / sin un santo fiel.
Sufriendo leyes maléficas / no hay más que subir los ánimos / Al compás de un danzar telúrico / Al cielo gritar nuestros cánticos / Al cielo gritar.
Presiento que por lo empírico / Se ha enloquecido la brújula / El clamor que tuerce los estómagos / Va azuzando al fin los espíritus / Va azuzando al fin.
Cándido, libera tu rabia, cándido / Tu vieja ternura, úsala / Para revivir tu lóbrega vida de Lázaro / Cándidos con tanta esperanza cósmica / Venid, porque al fin / El ávido rompe su cántaro.
Antes que morir famélico / Mártir de un destino trágico
Más valdrá reconquistar por último / El honor de ser pueblo intrépido / El honor de ser.
Rompió el ávido su cántaro.

Naiv

Der Gierige zerbrach seinen eigenen Krug / Nun ist da auch kein Heiler mehr, nach dem Tod. / Sie werden es durchsetzten, ruhmreich, die Naiven / ihr poetisches Gewühl, / ihr Gewühl.
Das alteingesessene Gesindel lebt / wie trostlose Einöde / Sieht sich selbst elend und gebrechlich / Ohne einen treuen Heiligen auf seinem Gipfel / Ohne einen treuen Heiligen.
Unter boshaften Gesetzen leidend / Bleibt nichts übrig als sich aufzumuntern / Im Rythmus eines Erdentanzes / Beim Singen, gen Himmel schreiend, unsere Lieder / Gen Himmel schreiend.
Ich fühle, diese Erfahrung / hat unseren Lebenskompass verrückt spielen lassen / Das Klagelied, das unseren Magen bricht / Wird am Ende doch die Geister aufstacheln / Am Ende doch aufstacheln.
Du, Naiver, befreie endlich deinen Zorn, du Naiver! / Deine alte Zärtlichkeit, nütze sie! / Um dein düsteres Dasein, wie Lazarus, neu zu beleben / Ihr Naiven, mit viel dieser kosmischen Hoffnung / Kommt, denn am Ende / zerbricht der Gierige seinen eigenen Krug.
Bevor du ausgehungert stirbst / Als Märtyter deines eigenen Schicksals / Erobere besser zurück / Die Ehre dieses mutigen Volkes / Die Ehre, zu existieren.
Der Gierige zerbrach seinen eigenen Krug.

UN SON PARA PORTINARI

Para candido portinari / La miel y el ron / Y una guitarra de azucar / Y una cancion / Y un corazon / Para candido portinari / Buenos Aires / Y un bandoneon.

Ay esta noche se puede, se puede / Ay esta noche se puede, se puede / Se puede cantar un son.
Sueña y fulgura / Un hombre de mano dura / Hecho de sangre y pintura / Grita en la tela.
Sueña y fulgura / Su sangre de mano dura / Sueña y fulgura / Como tallado en candela.
Sueña y fulgura / Como una estrella en la altura / Sueña y fulgura / Como una chispa que vuela / Sueña y fulgura.
Asi con su mano dura / Hecho de sangre y pintura / Sobre la tela / Sueña y fulgura / Un hombre de mano dura / Portinari lo desvela / Y el roto pecho le cura.
Ay esta noche se puede, se puede / Ay esta noche se puede, se puede / Se puede cantar un son.
Para candido portinari / La miel y el ron / Y una guitarra de azucar / Y una cancion / Y un corazon.
Para candido portinari / Buenos Aires / Y un bandoneon.

Ein Lied für Portinari

Für Cándido Portinari / Honig und Rum / Eine Gitarre aus Zucker / Und ein Lied / Und ein Herz / Für Cándido Portinari / Buenos Aires / und ein Bandoneon.
Ah, diese Nacht kann man es, / Ah, diese Nacht kann man es, / Man kann ein Lied singen.
Er träumt, cr glänzt / Ein Mann von harter Hand / Gemacht aus Blut und Farbe / Schreit auf der Leinwand.
Er träumt, er glänzt / Sein Blut und seine harte Hand / Es träumt, es glänzt / Wie in Feuer geschnitzt.
Er träumt, er glänzt / Wie ein Stern in der Höhe / Es träumt, es glänzt / Wie ein fliegender Funken / Es träumt, es glänzt.
So, wie seine harte Hand / Gemacht aus Blut und Farbe / Auf einer Leinwand / Er träumt, er glänzt / Ein Mann mit harter Hand / Portinari raubt ihm den Schlaf / Und heilt die gebrochene Brust.
Ah, diese Nacht kann man es / Ah, diese Nacht kann man es / Man kann ein Lied singen.
Für Cándido Portinari / Honig und Rum / Eine Gitarre aus Zucker / Und ein Lied / Und ein Herz.
Für Cándido Portinari / Buenos Aires / Und ein Bandoneon.

TATA SAN JUAN

Suma sikur vailind aka / Markar hiwasah purhtan / Tata sa huanaru kongortasirih a / Humas nayas wavanahpatan hiwasan / Aka Karikima (ma) rkasaruh a / Suma ch'ahch'e turulyanahaly / Churchistan tata sa huana / Hiwasah suma urup loktatan ukah a / Humas nayas taque chima (ma) khatañane / Tata san huanan sikur vailipande.

Bei „Tata San Juan" handelt es sich um einen Dankesgesang an den Schutzpatron der Kirche von Cariquima, die auf einer Hochebene in den Anden in etwa 4.300 Meter über dem Meeresspiegel errichtet worden ist. Der Text beschreibt den Pilgerweg, den die Gläubigen bis zum Tor der Kirche zurücklegen, um dem Heiligen dort die Ehre zu erweisen und gemeinsam ein Fest zu feiern. Gesungen in einem regionalem Idiom.

CANTO DE LAS ESTRELLAS

No me alcanza la razón / Ni el amor, ni la palabra / Mis manos que ahora labran / En este instrumento un son.
Si no alcanza mi visión / Y nunca me ha de alcanzar / Pa' poder interpretar / El pensar de Víctor Jara / Quien dijera en su plegaria / Yo no canto por cantar.
Cómo se escuchan tus sones / Con tonos de consecuencia / De verdad y de paciencia / De pensar sin más presiones / No canto por ilusiones / Dijo delante de Dios / Ni canto porque entre dos / Sea el camino menos largo / No canto ni por encargo / Ni por tener buena voz.
Cantó porque el sentimiento / Cantó porque la amistad / Cantó por la realidad / Cantó por el sufrimiento / Cantó porque su talento / En la música desgarra / Cantó porque las amarras / Se soltarán de la gente, / Se le oyó decir ausente / Cantó porque la guitarra.
Tu vida encaminada / Por un ideal diferente / Por estar entre la gente / A la muerte llevada / Y no puedo ser librada / De la fuerza y la opresión / Que apretado el corazón / Tu canto hoy día se aferra / Porqué cantarle a la tierra / Tiene sentido y razón.
Yo no canto por cantar / Ni por tener buena voz / Canto porque la guitarra / Tiene sentido y razón.

Sternengesang

Es genügt nicht die Vernunft / Auch nicht die Liebe, nicht das Wort / Meine Hände, die nun werken / An diesem Instrument, an diesem Lied / Wenn mein Blick nicht genügt / Und niemals genügen kann / Um zu deuten / Die Gedanken Victor Jaras / Wer könnte sonst sein Gebet sprechen / Ich singe nicht nur, um zu singen.
Wie hören wir noch deine Liede / Mit konsequenten Tönen, / Von Wahrheit und von Geduld / Vom Denken, ohne sonstigen Druck / Ich singe nicht für Träumereien / Sagte er vor Gottes Angesicht / Auch singe ich nicht, weil zu zweit / Der Weg weniger lang wäre / Ich singe auch nicht auf Anfrage / Oder weil ich eine hübsche Stimme hätte.
Er sang für die Gefühle / Er sang für die Freundschaft / Er sang für die Realität / Er sang für das Leid / Er sang, weil er mit seiner Begabung / Mit der Musik zutiefst berührte / Er sang weil die Völker / Sich von ihren Fesseln befreien werden / Das hörte man ihn sagen / Er sang für seine Gitarre.
Dein Leben hatte den Weg genommen / Durch andere Ideale / Um bei den

Leuten zu sein / Im Angesicht des Todes / Und sie konnten nicht befreit werden / Von der Macht und der Unterdrükkung / Wie sehr drückt nun das Herz heute / An dem sich dein Gesang hält / Weil die Erde zu besingen / Einen Sinn hat, einen Grund hat.
Ich singe nicht nur, um zu singe / Oder weil ich eine hübsche Stimme hätte / Sondern weil die Gitarre / Einen Sinn hat, einen Grund hat.

MEDIANOCHE

Ven a beber conmigo en doce copas / Doce campanas esta medianoche / Escucharás el bronce congelado / Tañendo nuestro adiós en doce copas.
Ven a besar conmigo en doce copos / La nieve amarga que fundió el invierno / Sobre la altura de mis sienes y este / Desamparado corazón que tengo.
Ven a morder conmigo en doce gritos / Los labios de un dolor ya redoblado / Será la última boca que tú beses / Cuando vayas camino del ocaso.
No bien bebas conmigo el sorbo amargo / En la voz gris de los metales ciegos / Vendrá esta medianoche repicando / La eternidad de nuestros dos destierros.

Mitternacht

Komm, trink mit mir aus 12 Kelchen / Zwölf Glocken heute um Mitternacht / Du wirst die vereiste Bronze sehen / Wie sie schlägt, in 12 Kelchen, unseren Abschied.
Komm, küss mit mir in zwölf Kelchen / Den bitteren Schnee, den der Winter schmelzen ließ, / Auf der Höhe meiner Schläfen und dieses / Wehrlosen Herzens, das ich habe.
Komm, beiß mit mir gemeinsam in zwölf Schreien / Die Lippen eines doppelten Schmerzes / Es wird der letzte Mund sein, den du küsst / Wenn du den Weg des Sonnenuntergangs betrittst.
Sobald du trinkst mit mir den bitteren Schluck / mit der grauen Stimme blinder Metalle / Werden heute um Mitternacht die Glocken läuten / Für die Ewigkeit unserer Verbannung.

SAMBA LANDÓ

Sobre el manto de la noche / Esta la luna chispiando. (2 X)
Así brillan murmurando / Para establecer un fuero / Libertad para los negros / Cadenas para el negrero.
Sambalando, sambalando / Que tiene tu (samba) / Que no tenga yo. (2 X)
Mi padre siendo tan pobre / Dejó una herencia fastuoza. (2 X)
Para dejar de hacer cosas / Dejo con ánimo entero / Ponga atención mi compadre / Que vienen nuevos negreros.
Sambalando, sambalando / Que tienes tu (samba) / Que no tenga yo. (2 X)
La gente dice que pena que tenga la piel

oscura / La gente dice que pena que tenga la piel oscura / Como si fuera basura que se arroja al pavimEnto / No sabe que descontento entre mi raza madura.

Sambalando, sambalando / Que tienes tu (samba) / Que no tenga yo. (2 X)

Hoy día alzamos la voz como una sola memoria (2) / Desde ayacucho hasta angola / De Brazil a mozambique / Ya no hay nadie que replique / Somos una misma historia.

Sambalando, sambalando / Que tienes tu (samba) / Que no tenga yo. (3 X)

Samba Landó

Über dem Dunkel der Nacht / Funkelt der Mond, / Blitzende Strahlen, / Um ein Recht durchzusetzen: / „Freiheit für die Schwarzen“ / „Ketten für die Sklavenhalter“.

Samba landó, samba landó, / Was hast du, das ich nicht habe?

Mein Vater, obwohl er so arm war / Hat mir ein großes Erbe vermacht / „Um keine Ware mehr zu sein“ / Sprach er ganz mutig / „Mein Freund, sei auf der Hut“ / Denn es kommen neue Sklavenhalter!"Samba landó, samba landó / Was hast du, das ich nicht habe?

Die Leute sagen: „Wie schade / Dass er eine dunkle Haut hat!“ / Als ob ich Abfall wäre / Den man auf die Straße wirft / Sie wissen nicht / Dass die Unzufriedenheit meiner Rasse reift.

Samba landó, samba landó / Was hast du, das ich nicht habe? / Heute erheben wir unsere Stimme / Wie eine einzige Stimme / Von Ayacucho bis Angola / Von Brasilien bis Mosambik / Da gibt es keinen mehr / Der dem widerspricht / Wir sind dieselbe Geschichte.

Samba landó, samba landó / Was hast du, das ich nicht habe?

LA FIESTA ERES TU

Muchacha morena y tierna / Se re ha roto tu vestido / Poràhi te miro la pierna / Con ojos de lobo herido.

Muchacha morana y triste / Se te perdio la alegria / Acercate a mi guitarra / Para cantarte la mia.

Ay, ay, ay, ay, ay ,ay / Muchacha morana y dulce / Como llevarte poràhi.

Muchacha morana y alta / Tu marido se muerio / Ya que la vida es tan corta / En su lugar vengo yo.

Muchacha morena y gràcil / Como consuela tu vista / Mirandote de tan cerca / No hay corazon que resista.

Ay, ay, ay, ay, ay, ay / Muchacha morana y linda / Como llevarte poràhi.

Muchacha morena y suabe / Ven que te quiero besar / Cuando el amor se detiene / Un beso lo obliga andar.

Muchacha morena y lista / Se te ha caido el corpiño / Veo tus dos corazones / Y digo: quien fuera un niño.

Das Fest bist du

Dunkles, zärtliches Mädchen / Du trägst ein zerrissenes Kleid / Durch das ich dein Bein sehen kann / Mit den Augen eines verletzten Wolfs.
Dunkles, trauriges Mädchen / Du hast die Freude verloren / Komm näher an meine Gitarre heran / um Dir von meiner zu singen.
Ay, ay, ay, ay, ay ,ay / Dunkles, süßes Mädchen! / Wie kann ich mit dir ausgehen!
Dunkles, großes Mädchen / Dein Ehemann ist gestorben / Weil das Leben so kurz ist / An seine Stelle trete ich nun.
Dunkles, graziles Mädchen / Dich zu sehen bringt mir Trost / Und sehe ich dich so aus der Nähe / Kann kein Herz sich zurückhalten.
Ay, ay, ay, ay, ay, ay / Dunkles, hübsches Mädchen / Wie kann ich mit dir ausgehen!
Dunkles, zartes Mädchen / Komm, ich möchte dich küssen! / Ist die Liebe stehen geblieben / Lässt ein Kuss sie weitergehen!
Dunkles, kluges Mädchen / Dein Mieder hat sich gelöst / Ich sehe deine beiden Herzen / Und sage zu mir selbst: Wäre ich bloß ein Kind!

MULATA

Ya yo me enteré, mulata / Mulata ya sé que dise / Que yo tengo la narise / Como nudo de cobbata.
Y fíjate bien que tú / No eres tan adelantá / Porque tu boca e bien grande / Y tú pasa, colorá.
Tanto tren con tu cuerpo / Tanto tren / Tanto tren con tu boca / Tanto tren / Tanto tren con tus ojo / Tanto tren.
Si tú supiera, mulata / La veddá / ¡que yo con mi negra tengo / Y no te quiero pa' ná!

Mulattin

Ich hab's schon gehört, Mulattin / Mulattin, ich weiß schon, was du erzählst! / Dass meine Nase so aussieht / Wie der Knoten einer Krawatte!
Schau' auch du dich ganz genau an / Dass du nicht viel weiter bist! / Denn dein Mund ist ganz schön groß / Und du wirst rot, wenn du vorbei gehst!
Soviel Trubel um deinen Körper / Soviel Trubel / Soviel Trubel um deinen Mund / Soviel Trubel / Soviel Trubel um deine Augen / Soviel Trubel
Wenn du es nur wüsstest, Mulattin / Die Wahrheit ist / Dass ich mit meiner Frau genug habe / Und dich gar nicht haben will!

EL PUEBLO UNIDO

El pueblo unido jamas sera vencido.
De pie marchad que vamos a triunfar.
Avancan ya banderas de unidad.
Y tu vendras marchando junto a mi.

Y asi veras tu canto y tu vandera florecer / La luz de un rojo amanecer.
Anuncian ya la vida que vendra.
De pie marchad el pueblo va a triunfar.
Sera mejor la vida que vendra a conquistar nuestra felizidad / Y en un clamor mil voces de combate se alzaran.
Diran cancion de libertad con decision la patria vencera.
Y ahora el pueblo que se alza en la lucha / Con voz de gigante gritando adelante.
El pueblo unido jamas sera vencido / El pueblo unido jamas sera vencido.
La patria esta forjando la unidad.
De norte a sur se movilisaran.

Das geeinte Volk

Das geeinte Volk, wird niemals besiegt werden.
Marschiert aufrecht, wir werden siegreich sein.
Sie rücken vor, die Fahnen der Einheit.
Du wirst auch marschieren, neben mir.
So wird dein Gesang wie deine Fahne erblühen / Das Licht der Morgenröte.
Sie verkünden das Leben, das kommen wird.
Marschiert aufrecht, denn das Volk wird siegreich sein.
Das Leben wird besser sein, das unser Glück erobern wird.
Und im Geschrei werden sich 1000 Kampfstimmen erheben.
Sie werden das Lied der Freiheit singen / Entschlossen wird das Vaterland siegreich sein.
Und nun erhebt sich das Volk im Kampf / Mit der Stimme eines Riesen und ruft „Vorwärts".
Das geeinte Volk, wird niemals besiegt werden / Das geeinte Volk, wird niemals besiegt werden.
Das Vaterland schmiedet seine Einheit
Von Norden nach Süden werden sie sich mobilisieren.

Horacio Salinas, José Seves, Horacio Durán, Camilo Salinas, Fernando Julio, Danilo Donoso, Jorge Ball.

MOMENTAUFNAHMEN

Oftmals sind es Bilder, die sich besonders tief im Gedächtnis einprägen. Dem Gedächtnis eines Jeden von uns und also auch in unserem kollektiven Gedächtnis. Bilder von wunderbaren Menschen, denen wir begegnet und Bilder von Situationen, in die wir geraten sind. Bilder von Orten, an die es uns verschlagen hat und Bilder von magischen Momenten, die wir erleben konnten. Die allermeisten existieren nur im Kopf, einige wurden aber auch auf Film gebannt und von denen haben wir ein paar für diese Edition ausgewahlt, um an die Stationen zu erinnern, die im Verlauf unseres Musikerlebens eine besondere Rolle spielten. Und an Personen, die uns bestärkt, inspiriert und immer wieder ermutigt haben, unseren Talenten und Ambitionen einen Sinn zu geben.

Inti Illimani Histórico

Horacio Durán, Max Berrú, Jorge Coulon und Pedro Yáñez zu Tisch mit guten Freunden. Die Geburtsstunde des Projekts Inti Illimani, am 6. August 1967.

Besprechung im Büro des Labels DICAP mit Horacio Durán, Victor Jara, Jorge Coulon und Horacio Salinas.

Victor Jara und José Seves auf Wahlkampftour im März 1973.

1973 in den Straßen von Santiago.

Besuch im geschundenen Vietnam 1973.

Bei den Weltjugend-festspielen 1973 in Ost Berlin.

Einstimmung: Horacio Salinas und José Seves (1976).

Konzert in Florenz am 1. Mai 1974.

Konzert in der Arena von Verona am 6. Sept. 1975.

Gute Gespräche bei einer Flasche Weißwein, Italien 1976.

Unverkennbar:
Rom
Frühjahr 1996.

Ein Zusammenspiel:
Peter Gabriel und
Horacio Salinas,
Oktober 1990.

Horacio Salinas,
Winton Marsalis,
Luz Casal,
und Peter Gabriel,
Oktober 1990
in Santiago.

José Seves & Eddy Palmieri „Any Time Any Where".

Milton Nascimiento und Horacio Durán.

Ein Treffen mit Mercedes Sosa und Victor Heredia im Haus von Jaime Torres, Buenos Aires am 17. September 1988.

Seelenverwandte: Silvio Rodríguez und Horacio Durán, Valparaiso 1990.

Zwei Generationen auf einer Bühne: Camilo Salinas und Horacio Durán.

Immer weiter: Inti Illimani Histórico 2010.

WIE MONATE ZU JAHREN WURDEN
Zweimal Exil in Deutschland

Von Rainer Schobeß

„Ich bin ein Weltmensch," sagt Eva Tichauer Moritz in Göttingen. „Ich bin ein ausländischer Ossi," sagt Mario Fuentes Delgado in Rostock. Beide sind Chilenen und leben seit fast vier Jahrzehnten im Exil: Mario kam 1975 in die DDR, Eva in die Bundesrepublik. Die Lieder der Nueva Canción Chilena haben sie begleitet, Lieder von Victor Jara, Isabel Parra, Inti Illimani, Quilapayún oder Los Jaivas.

Am 11. September 1973, dem Tag des Putsches, fuhr Eva Tichauer Moritz morgens ins historische Hotel City in Santiago de Chile. Sie arbeitete dort als Übersetzerin in der Rezeption, zusätzlich zu ihrem Job als Lehrerin. Das Hotel war genau um die Ecke von La Moneda, dem Palast des Präsidenten Salvador Allende, der mittags von den Militärs bombardiert wurde.

„Wir haben alles mitbekommen", erzählt Eva, „wir sind in den Hof gegangen, und da sahen wir die Flugzeuge. Dann kamen Leute, die in der Gegend wohnten. Einer, ich hasse ihn noch immer, kam rein und sagte: ‚Ich hab einen angezeigt'. Er hatte gesehen, wie vom Dachsims seines Hauses Munitionshülsen fielen. Jemand hatte geschossen,und da hat er ihn sofort bei den Militärs angezeigt. Er war sehr stolz darauf, dass dieser Mann gleich getötet wurde. Damit kam er ins Hotel und erzählte davon. Ich werde das nie vergessen."

In der Nacht vom 10. auf den 11. September 1973 ging Mario Fuentes Delgado in Santiago nach Hause, um sich auszuschlafen. Er gehörte zu den Personen- und Objektschützern Salvador Allendes, zur Grupo de Amigos Personales (GAP). Nach wochenlangem Dienst sollte er sich bei seiner Familie ausruhen. Als er am nächsten Morgen aufwachte, waren Soldaten auf der Straße. „Es war ziemlich aufregend", erinnert sich Mario, „alle Rundfunksender spielten nur Militärmusik und es wurde durchgesagt, die Leute sollten zuhause bleiben. Meine Organisation hat mich gegen Mittag geholt. Wir dachten, wir stellen uns gegen die Militärs. Wir haben uns umgezogen und bereitgemacht für den Kampf. Plötzlich kam der Befehl zum Rückzug. Es war sinnlos, auf die Straße zu gehen und sich umbringen zu lassen".

Als Eva Tichauer Moritz an diesem Abend nach Hause fuhr, sah sie Berge von Toten auf der Plaza de Armas. In den nächsten Tagen war sie ein paar Mal am Río Mapocho, der mitten durch Santiago fließt. Auf dem Wasser trieben die Leichen von Erschossenen vorbei. „Ich hätte nie gedacht, dass es so schlimm kommen würde“, erzählt Eva, „aber wir mussten uns irgendwie arrangieren. Ich habe einfach weiter gearbeitet, das war nicht einfach.“

Eva Tichauer Moritz 1975

Eva Tichauer Moritz wurde 1944 in Valparaíso als Kind deutscher Juden geboren, die vor den Nationalsozialisten nach Chile geflohen waren. Mario Fuentes Delgado kam 1948 in Santiago de Chile zur Welt. Als der Putsch geschah, hatten beide Verwandtschaft in Deutschland. Marios Vater Julio Fuentes Molina arbeitete damals beim Fernsehen der DDR in Berlin-Adlershof. Evas Bruder lebte als Werbefotograf in Hamburg. Aber weder Mario noch Eva haben zunächst daran gedacht, nach Deutschland ins Exil zu gehen.

„Später wurde mein Mann festgenommen“, berichtet Eva, „am 21. Mai 1974 hatten wir eine Hausdurchsuchung, und sie haben gesagt: ‘Wir haben Ihren Mann‘. Die Kinder sind fast verrückt geworden. Meine Tochter war damals acht, mein Sohn fünf Jahre alt. Er hat fast einen Monat nicht mehr gesprochen und sich hinter dem Sofa versteckt. Da musste ich ihn immer füttern, er wollte nicht raus. Für ihn war es ein unheimlicher Schock. Meine Tochter hat das besser verkraftet.

Dann wurde ich angerufen, ich müsse die Kinder verstecken. Sie sollten abgeholt werden, um sie vor dem Vater zu foltern, damit er redet. Ein Freund von Freunden hat gesagt: ‚Gib sie mir‘. Er hat mir auch geholfen, meinen Mann zu suchen. Aber wir haben ihn nicht gefunden, und da hat er gesagt: ‚Mensch, Du hast doch deutsche Eltern. Geh‘ doch mal in die Botschaft und frag’, ob sie Dir irgendwie helfen können‘. Das habe ich dann gemacht. Sie ließen mich lange warten, kamen schließlich mit einem Pass und sagten: ‚In zwei Monaten sind Sie alle in Deutschland´.“

Mario Fuentes Delgado ist im September 1973 in den Untergrund gegangen, auf Befehl seiner Organisation: „Wenn man sich für den Untergrund entscheidet, muss man mit allem brechen. Meine drei Kinder, sie waren damals zwei, vier und fünf Jahre alt, wurden verteilt. Meine Frau wurde leider Mitte 1974 festgenommen. Nur, weil sie meine Frau war. Sie wurde gefoltert, aber nach 15 Tagen wieder freigelassen. Und dann hat meine Organisation sie und meine Kinder nach Kuba geschafft."

Evas Mann wurde schließlich von Mitarbeitern der bundesdeutschen Botschaft gefunden. Auch er gehörte zu einer revolutionären Partei im Untergrund. Militärs hatten ihn in ein Folterhaus verschleppt, danach in ein Konzentrationslager, wo er sich von der Folter erholen sollte. Ungefähr einen Monat lang war Evas Mann verschwunden, sie hatte unterdessen Hilfe organisiert: „Aus der Botschaft wurde ich erst mal rausgeschickt, gnadenlos. Und dann ging ich zum Konsulat. Ich bin Jüdin und habe mit einem Rabbiner gesprochen, der mir aber nicht helfen konnte. Er hat mich zu Helmut Frenz geschickt, dem lutherischen Repräsentanten in Chile. Der hat mir wahrlich geholfen und sich mit dem deutschen Botschafter angelegt: ‚Kümmere Dich jetzt um die Menschen und nicht nur um Feiern und Feste mit den Putschisten. Hier ist eine jüdische Familie, die Hilfe braucht, und die sind in diese Situation geraten, weil wir Nazis diese Familie aus Deutschland raus gejagt haben.' So lauteten seine Worte."

Das Leben in Chile war für Eva und ihre Familie nicht mehr sicher, damals musste sie sich mit dem Gedanken vertraut machen, ins deutsche Exil zu gehen: „Ich wollte das auf keinen Fall. Ich habe gefragt, was habe ich denn da zu suchen? Noch dazu mit meiner familiären Vergangenheit. Aber man sagte mir: ‚Jetzt stehen Sie unter unserem Schutz. Und wenn Sie vor die Behörden zitiert werden, muss jemand von uns Sie begleiten'." Am Ende wurden Eva, ihr Mann und ihre Kinder zusammen mit 46 weiteren Familien von der Bundesrepublik freigekauft. Bundeskanzler Helmut Schmidt hatte dafür seinen Staatsminister Hans-Jürgen Wischnewski nach Chile entsandt. Im Februar 1975 war die Ausreise.

Genau wie Eva wollte auch Mario sein Land nicht verlassen. Doch die Entscheidung wurde ihm abgenommen: „Anfang 1975 sagte meine Organisation, dass ich ins Exil gehen muss. Ich wollte nicht ins Exil, ich wollte nicht raus aus Chile. Aber wir waren für die Sicherheit unserer Politführung zuständig, und nach uns wurde gesucht. Ich habe also Order bekommen, in die italienische Botschaft zu gehen. Dort war ich ungefähr vier Wochen, und dann wurde ich nach Italien gebracht, wo ich politisches Asyl erhalten habe."

In Italien wurde Mario Fuentes Delgado regelmäßig verhört. Denn die Behörden hatten die Befürchtung, er und andere Exilchilenen könnten ihre Erfahrungen aus dem Untergrund an linke Gruppierungen in Italien weitergeben. Damals waren Kommunisten an der italienischen Regierung beteiligt, linke Zeitungen berichteten immer wieder über die Lage der politischen Flüchtlinge. So erfuhr Marios Vater, der Journalist Julio Fuentes Molina, in der DDR vom Schicksal seines Sohnes. Er besorgte Mario eine offizielle Regierungseinladung: „Als ich am 14. Februar 1975 in Ost-Berlin ankam, war das ein Schock. Wir sind von Rom über Prag geflogen. Es war Nacht, es war kalt, und plötzlich kam ein Offizier auf mich zu in einer komischen Uniform, die so ähnlich aussah, wie die der Militärs in Chile. Sie war so ähnlich, dass ich mich sehr erschrocken habe. Als ich meinen Vater traf, sagte er: ‚Du bist so blass. Ist etwas passiert? ' – ‚Nee, habe ich gesagt, aber ich hatte Angst'."

Wenige Tage später kam Eva Tichauer Moritz in den anderen Teil Deutschlands. Am 25. Februar 1975 landete ein Flugzeug aus Santiago mit ihr und ihrer Familie an Bord in Hamburg: „Es war ein sehr schöner, kalter, sonniger Tag. Wir dachten, wir sind in Chile, und der Himmel war genau wie bei uns im September". Evas Bruder nahm seine Angehörigen bei sich auf, bei ihm waren sie willkommen. Aber ob sie sich auch im fremden Land willkommen gefühlt haben? „Ich hatte keine Zeit, darüber nachzudenken", erzählt Eva. „Ich war die einzige in der Familie, die mit Deutsch zumindest zurechtkam. Ich habe fast alles verstanden. Meine Eltern haben zuhause Deutsch gesprochen, wir Kinder haben immer Spanisch geantwortet. Aber ich war auch zwei Jahre in der Deutschen Schule gewesen."

So schnell wie möglich hat Eva Tichauer Moritz damals in Hamburg angefangen zu arbeiten, sie übernahm Lehraufträge an drei Schulen und an der Universität. Dort ging ihr Mann in einen Deutschkurs und beherrschte die Sprache nach einem halben Jahr fast perfekt. Die Kinder haben sich wortlos eingelebt: „Ein Mädchen aus der Klasse meiner Tochter kam jeden Tag zum Spielen, es war ein wortloses Spielen zu Dritt und auf einmal konnten sie Deutsch".

Überrascht war Eva von der freundlichen Aufnahme in der Bundesrepublik. Die ersten Leute, die sie kennen lernte, waren Freunde ihres Bruders: „Sie waren alle aus der jüdischen Gemeinde in Hamburg und haben uns fantastisch aufgenommen. Dann wurden wir ins Audi Max eingeladen zu einer Veranstaltung der Chile-Solidarität, und da waren wir absolut baff und sprachlos. Es war rappelvoll und es war unglaublich: So viele Leute und so viel Empathie für Chile, für die Chilenen! Wir hatten nie erwartet, dass es so etwas in Deutschland gibt."

Rund 5.000 Chilenen gingen in den 1970er Jahren wie Eva und ihre Familie in das Exil in die Bundesrepublik Deutschland. Etwa 2.000 politische Flüchtlinge wurden damals wie Mario in der DDR aufgenommen: „Ich war offizieller Gast und wurde in ein Gästehaus der Regierung gebracht. Dort bekam ich alles: Essen, Zigaretten, alles, was ich wollte. Die Leute in Berlin waren unheimlich freundlich. Da habe ich entschieden, hierzubleiben. Und dann fingen die Probleme an. Nach vielleicht zwei Monaten hieß es, ich muss nach Jena. Ich wollte aber in Berlin bleiben."

Mario Fuentes Delgado ging tatsächlich nach Jena und wurde dort im Kulturhaus des VEB Carl Zeiss Jena als Instrukteur eingestellt: „Ich weiß bis heute nicht, was das bedeutet. Aber ich hatte ein Büro, ich hatte ein gutes Gehalt und nichts zu tun. Nach sechs Monaten beschloss ich, zu kündigen. Das war 1976, und danach bin ich nach Berlin zu einer Freundin gezogen. Nach einiger Zeit wurde ich eingeladen ins ZK der SED. Und so eine Einladung bekommt nicht jeder. Ich hatte dort eine große Diskussion, weil sie unbedingt wollten, dass ich wieder nach Jena gehe. Einer meinte: ‚In Berlin können Sie nicht arbeiten'. – ‚Dann gehe ich nach West-Berlin'. Ein anderer sagte: ‚Sie verkaufen Ihre Arbeitskraft lieber den Kapitalisten im Westen?' Und ich habe geantwortet: ‚Das machen doch Millionen von Menschen, die dort arbeiten'. Er sagte: ‚Wenn wir könnten, würden wir sie alle hierher holen'. Und ich: ‚Wenn Sie alle Arbeiter aus dem Westen hierher holen, wer macht dann dort die revolución?' Das war meine Unterhaltung im ZK der SED." Mario war auf der Suche nach einer guten Arbeit, Eva bekam ein gutes Angebot. Zunächst arbeitete sie in Göttingen als Lehrbeauftragte an der Universität, später wurde sie Spanisch-Lektorin. Eva hatte eine Stelle gefunden und für sich und ihre Familie einen Ort, wo sie leben konnten.

Mario Fuentes Delgado 1979

Aber auch Mario fand Arbeit. Oder besser: die Arbeit fand ihn, denn seine Zukunft war genau geplant worden: „Nach einer Woche standen zwei Herren vom Ministerium für Staatssicherheit vor der Tür. Die haben mir gesagt, ich soll packen. Ich dachte, die schicken mich nach West-Berlin. Ich wurde in einen Barkas verfrachtet, und wir sind losgefahren. Nach einer Stunde Fahrt dachte ich, die Grenze kann doch nicht so weit weg sein. Nach zwei Stunden dachte ich, wo bringen sie mich hin? Nach drei

Stunden war ich verzweifelt. Nach vier Stunden habe ich ein Schild gesehen: ‚Willkommen in Rostock'. Und da wusste ich, ich bin in Rostock.

Ich wurde in die Plattenbausiedlung Lütten Klein gebracht. Sie haben die Tür zu einer vollmöblierten Wohnung aufgemacht, meinen Koffer rein geschmissen, mir die Schlüssel gegeben und gesagt: ‚Das ist jetzt Dein Zuhause'. Ich war wütend, aber ich habe mich nicht getraut, die Tür aufzumachen, weil ich dachte, die sind immer noch draußen. Plötzlich hörte ich Stimmen, ich guckte aus der Tür und eine Frau sagte auf Spanisch: ‚Eh, bist Du Mario? Bist Du der Verrückte? Die DDR-Behörden haben uns benachrichtigt, dass sie einen Verrückten bringen. Wir sollen auf Dich aufpassen'. Ihr Mann war Musiker am Volkstheater Rostock, und er hat mich zum Theater gebracht. Dort gab es damals eine chilenische Gruppe, El Teátro Lautaro. Ich habe sofort einen Vertrag als Schauspieler bekommen und bis 1994 am Volkstheater gearbeitet."

El Teátro Lautaro hat vor allem für Kinder gespielt. „Das war ein sehr interessantes Projekt", erinnert sich Mario, „denn wir waren der Meinung, dass die Sprache im Theater keine große Rolle spielt, wenn Körperhaltungen und Situationen stimmen. Wir haben mehrere Stücke für Kinder ausprobiert und sie haben die Handlung immer mitbekommen, obwohl sie unsere Sprache nicht verstanden haben. Aber unsere Aufgabe war natürlich auch, Deutsch zu lernen. Wir Chilenen in Rostock waren privilegiert. Wir hatten keine Probleme mit unseren Nachbarn, sie waren alle sehr hilfsbereit. Wenn wir aufgetreten sind bei Veranstaltungen der FDJ, in Kindergärten oder in Schulen, wurden wir unheimlich freundlich aufgenommen. Direkten Kontakt mit der normalen Bevölkerung hatten wir kaum. Unsere Bekannten waren Maler, Bildhauer oder Keramiker, das waren unsere Kreise."

Mario Funtes Delgado 2013

1977 wurde El Teátro Lautaro aufgelöst, die chilenischen Schauspieler wurden ins Ensemble des Volkstheaters aufgenommen. Und deutsche Regisseure, erzählt Mario, hätten damals großen

Spaß daran gehabt, ihn in Klassikern der deutschen Literatur zu besetzen: So hat er zum Beispiel in Schillers „Kabale und Liebe" den Diener der Lady Milford gegeben.

Mit chilenischen Kollegen vom Volkstheater Rostock hat Mario Fuentes Delgado damals auch eine Musikgruppe gegründet, die in der ganzen DDR aufgetreten ist. Gesungen haben sie vor allem Lieder der Nueva Canción Chilena. „Die Intis und Quilapayún habe ich ein paar Mal in der DDR gesehen", erzählt Mario, „ihre Lieder waren sehr wichtig: nicht nur für uns, sondern auch für die Solidaritätsarbeit in ganz Europa. Quilapayún lebten ja in Frankreich und Inti Illimani in Italien, und die Deutschen haben sie unheimlich gern gehört". Auf beiden Seiten des Eisernen Vorhangs haben Sänger und Gruppen aus Chile zu jener Zeit unzählige Konzerte gegeben. Im Westen hat Eva Tichauer Moritz all ihre Schallplatten gesammelt und viele ihrer Auftritte gesehen: „Das war ein Gefühl des Zusammenseins und der Zusammengehörigkeit, das man gar nicht beschreiben kann. Und später, als ich in Göttingen am Seminar für Romanische Philologie arbeitete, haben wir diese Künstler jedes Jahr mindestens einmal eingeladen.
Osvaldo Rodríguez, el Gitano, fing einmal bei einem Konzert an, von Leuten aus seiner Kindheit zu erzählen. Und ich dachte: Moment mal, die waren doch in meiner Klasse. Da haben wir mitten im Konzert entdeckt, dass wir zusammen in der Grundschule gewesen waren. Und dann sind wir bis zu seinem Tod sehr, sehr befreundet gewesen." Bekannte Künstler hat Eva damals nach Göttingen in die Stadthalle oder die Universität geholt: Inti Illimani, Quilapayún, Los Jaivas, Santiago del Nuevo Extremo, Ángel Parra oder Isabel Parra, und fast alle haben sie nach den Konzerten bei ihr zu Hause übernachtet.

Eva Tichauer Moritz 2013

Die Musik war sowohl für Eva Tichauer Moritz als auch für Mario Fuentes Delgado eine wichtige Verbindung zur chilenischen Heimat, einer Heimat, die in immer weitere Ferne rückte. Zu Beginn ihres Exils hatten beide noch gedacht, sie würden nur ein paar Monate in Deutschland leben und bald wieder nach Chile zurückkehren. Erst nach zehn

Jahren hat Eva ihren Reisekoffer vollständig ausgepackt. Und nach zwanzig Jahren ist Mario zum ersten Mal wieder nach Chile geflogen: „Ich habe ein Land gefunden, das ich nicht kannte. Ich war vier Wochen dort und habe mich als Fremder gefühlt, und die Leute haben mich auch als Fremden angesehen. Da habe ich überlegt, was machst Du hier, Mario? Du bist in Deutschland fremd, und Du bist in Chile fremd. Dann bleibst Du doch dort, wo Du Dich am wohlsten fühlst. Und ich fühle mich in Rostock am wohlsten."

Eva und ihr Mann haben sich 1987 getrennt, und er ist zurück nach Chile gegangen. Ihre Tochter wollte nicht, dass der Vater allein lebt und nahm deshalb ein Studium auf. „Ich dachte", erinnert sich Eva, „wenn sie dort bleibt, wird mein Sohn sicher auch dort hingehen, und dann bin auch ich dabei. Aber meine Tochter ist zurück gekommen, unerwarteterweise. Sie konnte nicht mit der Art der jungen Leute dort klarkommen. Sie meinte: 'Ich will nicht die Mutter meines Mannes sein. Die Jungs werden von ihren Müttern und Schwestern verhätschelt. Ich kann dort nicht leben, Und Du bist schuld daran, weil Du mich zu liberal erzogen hast`."

Eva ist in Göttingen geblieben, obwohl das Exil für sie mit viel Heimweh verbunden ist: „Jetzt fahre ich öfters nach Chile. Wenn ich hier bin, vermisse ich dort. Und wenn ich dort bin, vermisse ich hier. Man gewöhnt sich daran, in zwei Welten zu leben. Aber ich kann es mir leisten, öfters zu fahren. Denjenigen, die das nicht können, geht es schlechter. Immer noch."

Auch für Mario war das Leben im fremden Land oft nicht einfach: „Exil ist eine ganz, ganz schlimme Sache, wenn dieses Exil unfreiwillig erfolgt. Aber wenn dieses Exil nicht gewesen wäre, hätte ich mein Leben nicht so gestalten können, wie ich es getan habe. Und ich hätte hier keinen Sohn, er ist ein fantastischer Mann."

Mittlerweile arbeitet Mario als Sänger und Musiker. Nach vielen Jahren im Exil fühlt er sich in Rostock zu Hause: „Meine Heimat ist, wo meine Freunde sind, wo meine Familie ist und wo ich mich wohlfühle. Wenn die Leute mich fragen, mache ich mir einen Spaß daraus zu sagen: Ich bin stolz, ein ausländischer Ossi zu sein." Eva ist heute Vorsitzende der Jüdischen Kultusgemeinde und des Jüdischen Lehrhauses in Göttingen. Von hier aus ist sie eine Wanderin zwischen den Welten: „Ich denke, ich bin ein Weltmensch und meine Kinder auch."

Einige tausend Chilenen sind nach dem Putsch ins deutsche Exil gegangen, die einen in die Bundesrepublik, die anderen in die DDR. Viele sind nach Chile zurückgekehrt, viele auch nach der Wiedervereinigung in ihrem Teil Deutschlands geblieben, so wie Eva Tichauer Moritz in Göttingen und Mario Fuentes Delgado in Rostock.

DISKOGRAPHIE

CD: Inti Illimani Histórico – Musica En Memoria Nº 1; CD: Inti Illimani Histórico – Musica En Memoria Nº 2; CD: Inti Illimani Histórico – Antologia En Vivo; CD: Inti Illimani Histórico – Esencial; CD: Inti Illimani Histórico – A La Salud De La Música; CD: Inti Illimani Histórico – Travesura; CD: Eva Ayllón & Inti Illimani Histórico. Die vollständige Inti Illimani Diskographie mit allen Alben seit Gründung auf der Webseite zu dieser Edition.

WEBTIPPS

Weitere Informationen zu dieser Ausgabe der Serie „Masterminds"
sowie Inti Illimani Histórico und mitwirkenden Musikern
nebst diskographischen Empfehlungen
finden sich im Internet unter der Webadresse

www.heupferd-musik.de/inti_illimani_historico.html

Die Webadresse der Homepage von Inti Illimani Histórico lautet

www.intiillimani.org

Die Webadresse des Managements von Inti Illimani Histórico lautet

www.macondo.cl

Audiolizenzen: Macondo Eirl, Las Condes, Santiago de Chile. Textübersetzungen: Maria Clemencia Gräfin Lambsdorf. Collagen und Illustrationen: Y & M, Francisco Javier, Daniela Jacques. Fotos: Archiv Inti Illimani, Archiv Tichauer, Archiv Fuentes-Delgado, Dr. Ilka Göbel, Mario Duran Morales, António Larrea.

ISBN 978-3-923445-73-8

Ediert in Kooperation mit
Zweitausendeins • www.zweitausendeins.de